Vor dem ersten Schultag

Morgen fängt die Schule an,
ob ich bald rechnen und schreiben kann?
Ein bisschen kribbelt's mir im Bauch
und an den Ohren auch.
Bald kann ich ganz stolz den Ranzen tragen.
Doch vorher möchte ich dir noch was sagen.
Lieber Gott, wenn wir uns freuen
und spielen und lachen,
auf dem Schulhof Unsinn machen,
wenn wir springen und toben und schrein,
sollst du in unserer Nähe sein!
Und auch beim Rechnen
und Lesen und Schreiben
lass deine Schutzengel
bei uns bleiben.

Mit Gottes Segen fang' ich an

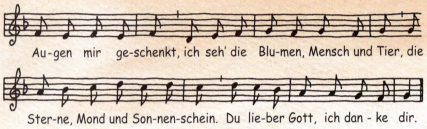

Du hast die Augen mir geschenkt,
ich seh' die Blumen, Mensch und Tier,
die Sterne, Mond und Sonnenschein,
du lieber Gott, ich danke dir.

Du hast die Ohren mir geschenkt,
ich lausch' den Vögeln und dem Wind.
Die Eltern reden lieb von mir,
und du, Gott, sprichst mit deinem Kind.

Du hast die Hände mir geschenkt,
ich spür' das Wasser, Holz und Sand,
das weiche Fell, den harten Stein,
die Feder, die am Weg ich fand.

Ich darf nun in die Schule gehen,
du hast die Gaben mir geschenkt,
ich danke, dass du meinen Fuß
bis hierher Tag für Tag gelenkt.

Du hast mir Geist und Herz geschenkt,
in Freud' und Trauer mich geführt.
Du hast mich lieb und tröstest mich,
das hab ich schon oft gespürt.

Wenn du an meiner Seite bist,
dann fühl' ich mich in guter Hut.
Mit deinem Segen fang ich an.
Du schenkst mir Freude, Kraft und Mut.

Text: Barbara Cratzius, Melodie: Herbert Ring
© bei den Autoren

Diese vier Kinder haben
Leuchtsticker an ihren Ranzen.
Kannst du die Namen
in die Kreise schreiben?
Du kannst die Seite auch kopieren,
die Kreise und Namen ausschneiden
und auf die entsprechenden Kreise
auf den Stickern legen.

Die bunten Augen

Drei Augen hab' ich,
rot, gelb und grün,
du kannst sie immer
leuchten sehn.
Ich hab' keine Ruh,
mach' nie die Augen zu.
Steh' auf einem Bein
tagaus und tagein.
Ich darf nicht schlafen
bei Tag und Nacht.
Doch hab' ich die Augen
mal zugemacht,
dann gib nur Acht!
Schon hat's gekracht!

Pass auf im Straßenverkehr

(auf die Melodie: „Horch, was kommt von draußen rein?")

Autofahrer, gebt gut Acht,
hollahi, hollaho,
für euch ist dieses Schild gedacht,
hollahi haho.
Seht die Kinder Hand in Hand,
hollahi, hollaho,
Gefahr droht oft am Straßenrand,
hollahi haho.

Siehst du das Schild mit blauem
Rand, hollahi, ...
der Schülerlotse hebt die Hand, ...
Seht, die Fahrzeuge bleiben stehn, ...
ihr dürft über die Straße gehn.

Ihr Autofahrer, könnt ihr's sehn,
hollahi, ...
Fußgänger, die dürfen gehen, ...
Doch, ihr Kinder gebt gut Acht, ...
nicht jedes Auto hat Halt gemacht.

Ein blaues Schild, das leuchtet hier,
hollahi, ...
ein weißes Fahrrad spricht zu dir, ...
Fahr nur zu und sei nicht bang, ...
dein Fahrradweg führt hier entlang.

Kannst du's rote Auge sehn,
hollahi, ...
dann darfst du nicht weitergehn, ...
Erst das grüne Licht zeigt an,
dass man weitergehen kann.

Dieses Schild, das ist sehr wichtig,
hollahi, ...
halt hier an! So ist es richtig! ...
An der Kreuzung, da ist viel los, ...
oh – der Verkehr ist riesengroß.

Der Verkehr ist riesengroß,
auf den Straßen ist viel los.
Lieber Gott, auf Schritt und Tritt
schick uns deine Engel mit.
Danke, lieber Gott.

Vorsicht im Straßenverkehr

Bei diesem Verkehrsspiel braucht jeder Spieler eine Spielfigur (Halmafigur, Playmobilfigur). Ihr geht vom Start an je nach Würfelglück vorwärts, bis ihr euer Ziel (Kindergarten, Schule) erreicht habt. Wenn ihr auf ein Feld mit einer Zahl stoßt, müsst ihr die Hinweise auf der Randleiste beachten. Wer das Ziel schon erreicht hat, darf noch einmal vom Start an beginnen. Hoffentlich kommt ihr sicher zum Kindergarten oder zur Schule.

① Du wolltest mit dem Gokart zum Kindergarten fahren. Beinahe wärst du auf die Straße gerollt.
Zweimal mit Würfeln aussetzen.

② Du hast an deine helle Sicherheitsmütze und an ein Leuchtzeichen auf dem Anorak oder an der Tasche gedacht.
Noch einmal würfeln.

③ Ein Auto kommt angefahren. Du denkst, es sei noch weit weg und gehst beim Zebrastreifen über die Straße.
Zweimal aussetzen.

④ Du hast bei der Ampel auf grün gewartet, nach links, nach rechts, noch mal nach links gesehen.
5 Felder vorrücken.

⑤ Dein Ball ist auf die Straße gerollt. Du bist ihm nachgelaufen, obwohl ein Auto sich rasch näherte.
Du darfst erst weiterrücken, wenn du eine „1" gewürfelt hast.

⑥ Du hast einen Freund getroffen. Er hat dir seine neuen Dino-Sticker gezeigt. Jetzt müsst ihr euch beeilen. Aber ihr drückt erst auf den Ampelknopf und wartet, bis die Ampel grünes Licht zeigt.
5 Felder vorrücken.

Zur Schule ich jetzt geh

A B C D E –
zur Schule ich jetzt geh!

F G H I J –
das Schreiben
geht ganz flott!

K L M N O –
auf dem Hof schlägt
keiner mich k. o.

P Q –
Lesen kann ich im Nu.

R S T U V –
ich rechne ganz genau.

W X –
das Teilen geht schon fix.

Y und Z –
die Schulkinder sind alle nett!

A B C D E –
zur Schule ich jetzt geh.

Lieber Gott, ich darf lernen,
dafür danke ich dir,
schick du auch gute Freunde mir.
Wir toben, wir lachen
tagaus, tagein.
Hilf mir, auch
ein guter Freund zu sein.

Ein himmlischer Schulanfang

Jeder Mensch hat einen Schutzengel. So steht es jedenfalls auf einer Rolle, die hier oben im Himmel irgendwo hängen muss. Aber nicht jeder Engel hat einen Schutzbefohlenen. Ich schon, und zwar seit nunmehr vier Tagen. Übrigens heiße ich Claudius und bin eigentlich ein ganz unbedeutender Engel, der bisher nicht sonderlich aus der Masse der himmlischen Heerscharen hervorgetreten ist. Ach, warum rede ich denn dauernd über mich? Viel spannender ist doch die Geschichte von Anne.

Also, vor genau vier Tagen habe ich beim Frühstück die Nachricht erhalten, dass ich, aufgrund von vielen Krankheitsfällen meiner Kollegen, zum Schutzengel von Anne Fischer befördert worden bin. Als ich eine kurze Zeit später die Wohnung der Fischers betrat, wurde ich Zeuge hektischen Treibens. „Beeile dich!", rief Mutter Fischer in Richtung Bad, „es ist schon zwanzig nach acht und du willst doch bestimmt nicht die Einschulung deiner Tochter verpassen." „Wo ist denn mein zweiter Socken?", hörte man eine Mädchenstimme aus einem anderen Zimmer rufen.

Ich folgte kurzerhand Mutter Fischer ins Kinderzimmer und fand Anne mit zerzausten Haaren auf dem Boden knieend, nach dem Socken Ausschau haltend. „Ich habe ihn", sang Annes Vater, der gerade aus dem Bad kam und mich beinahe über den Haufen rannte. „Aber", fuhr er fort, „wisst ihr, wo meine Krawatte ist? Und was ist das für ein seltsamer Geruch?" „Gute Frage", dachte ich und rümpfte die Nase. „Oh Gott, die Milch kocht über", erschrak Mutter Fischer und lief, so schnell sie konnte, in die Küche.

Eins nach dem anderen, sagte ich leise zu mir selbst. Nach und nach kümmerte ich mich um alle Sorgen und Probleme der Fischers, obwohl ich eigentlich nur

für Anne zuständig war, aber von meinen beiden Kollegen war weit und breit nichts zu sehen.

Erleichtert nahm ich neben Anne und ihrer Schultüte mit den bunten Punkten, im Auto Platz, als wir alle um kurz vor neun Uhr in Richtung Astrid-Lindgren-Grundschule losfuhren. Erst jetzt bemerkte ich, dass Anne ganz kalte Hände hatte und sehr unruhig mit den Beinen wackelte. Sie hatte Angst vor dem, was vor ihr lag, das spürte ich. Ohne lange zu zögern, legte ich meine Hand auf ihre Schulter und flüsterte ihr ins Ohr: „Du brauchst dich nicht zu fürchten. Gott und ich passen auf dich auf. Da kann einfach nichts schief laufen." Ich bin mir sicher, dass Anne meine Worte tief in ihrem Herzen verstanden hat, denn je näher wir der Schule kamen, desto entspannter wurde sie. Dort endlich angekommen, gingen wir in die Aula der Schule, die kunterbunt geschmückt war. Voller Freude begrüßte der Direktor die Eltern und die vielen Kinder, die alle hinter großen Schultüten versteckt waren und ein wenig nervös wirkten.

Schon beim Eintritt in den großen Raum fiel mir ein Junge mit vielen Sommersprossen auf, der wild umherrannte und den anderen Kindern böse Grimassen schnitt. Ausgerechnet dieser Schlingel musste sich mit seinen Eltern direkt vor uns in die Reihe setzen. Als alle Erstklässler mit ihren Eltern in der Aula versammelt waren, ging der Direktor nach

vorne an ein Rednerpult und fing an, über die Schule und das neue Schuljahr zu sprechen.

Ich konnte mich gar nicht auf die Rede des Direktors konzentrieren, weil der Junge vor uns immer Faxen machte. Plötzlich drehte er sich zu Anne um und rief laut, so dass jeder es hören konnte: „Hat deine gepunktete Schultüte die Windpocken?" Das Gelächter war groß, als alle in der Aula sich zu uns umdrehten. Anne schien einen plötzlichen Sonnenbrand bekommen zu haben, denn ihr Kopf war tiefrot angelaufen. Die Situation war selbst für mich als

Schutzengel zu viel. Ich war so verärgert, dass ich dem Jungen so lange in der Nase kitzelte, bis der vier- oder fünfmal hintereinander niesen musste.

Misstrauisch fragte ich mich, welche Überraschungen noch auf uns warteten. Jedoch dauerte es nicht lange, bis Frau Hollenberg, die Klassenlehrerin von Anne, meine Laune wieder aufhellen konnte. Freundlich und nett stellte sie sich allen Kindern der Klasse 1a vor und schenkte jedem zum Schulanfang einen dicken Bleistift.

Nach der Veranstaltung in der Aula gingen Anne, ich und die gesamte Schulklasse in einen schönen, hellen Klassenraum. Hier angekommen, setzten sich alle Kinder an einen der vier Gruppentische und lauschten gespannt ihrer Lehrerin, die ihnen erklärte, welche Schulhefte sie besorgen mussten und wie der Schulalltag im allgemeinen abläuft. Um elf Uhr durften wir wieder nach Hause gehen, denn der Unterricht war zu Ende. Schade eigentlich, denn es hat mir in der Schule sehr gut gefallen. Aber morgen ist ja ein neuer Schultag und ich bin schon sehr gespannt, was auf uns zukommen wird.

Ach, das eine möchte ich euch noch sagen: Wenn ihr mitbekommt, dass Kinder frech zu anderen sind und sie kurz darauf niesen müssen, dann kann es sein, das sich auch ein Schutzengel darüber sehr geärgert hat.